Catalogue

D'UNE

Collection Camoniana

DONT

La vente aura lieu à LISBONNE

LE

3 Mai 1886 et jours suivants

LISBONNE (PORTUGAL)

A. FERIN — LIBRAIRE

70, Rua Nova do Almada, 74

1886

Justification du tirage

On a fait de ce Catalogue un tirage de quatorze exemplaires,

dont

2 exemplaires numérotés de 1 et 2 sur papier *Whatman*.
12 exemplaires numérotés de 1 à 12 sur papier allemand *Camoens*.

Collection «Camoniana»

Catalogue

La vente aura lieu le lundi 3 Mai 1886, et jours suivants, à 7 heures du soir à Lisbonne

---

Exposition le dimanche 2 Mai 1886

Quelques jours avant on fera savoir par les journaux où sera faite l'exposition et vente des ouvrages.

CONDITIONS DE LA VENTE

La vente se fait au comptant.

Les acquéreurs payeront 5 p. 100 en sus des enchères, applicables aux frais.

Les livres devront être collationnés sur place dans les vingt-quatre heures de l'adjudication.

Passé ce délai ou une fois sortis de la salle de vente, ils ne seront repris pour aucune cause.

M. *A. Ferin* remplira les commissions des personnes qui ne pourraient assister à la vente.

LISBOA—TYP. ELZEVIRIANA, Praça dos Restauradores, 50 a 56

Luiz de Camões

Sa Vie, ses Œuvres et sa Littérature

Catalogue

*d'une collection importante d'éditions originales
de ses poesies, de traductions
et d'ouvrages sur sa vie et ses œuvres*

Lisbonne

Librairie — A. Ferin — Librairie

70, Rua Nova do Almada, 74

1886

La biographie de Camões que nous publions en face a parue pour la première fois en 1853 sur le «Portugal Artistico».

L'original portugais est signé de Mr. Antonio de Serpa, poète de race et économiste savant, et la version française est de Mr. Ortaire Fournier, traducteur avec Mr. Desaules des «Lusiadas», édition publiée à Paris en 1841 à la librairie Charles Gosselin.

CAMOENS

Camoens! quel est le cœur portugais qui ne bat pas à ce nom? Il y a des mots qui signifient une époque ou un événement remarquable; ce nom signifie quatre siècles de gloire; il signifie les fastes mémorables d'un peuple; il signifie l'histoire de la monarchie d'Alphonse Henri; de la monarchie qui vécut quatre siècles d'héroïsme, pour finir avec le dernier monarque et le dernier héros dans les sables d'Afrique, après avoir accompli, dans le monde, sa glorieuse mission. La nouvelle monarchie, la monarchie qui renaquit en 1640, n'est que la fille dégénérée d'une mère héroïque, qui, après deux siècles de vie, n'est pas encore sortie des langues de l'enfance, malgré de courts éclairs d'une vigueur momentanée. Tant il est vrai que les nations, comme les individus, ont sur la terre leur mission qu'elles sont destinées à remplir: toutes sont dans la providence des instruments qui, sur une plus ou moins grande échelle, concourrent aux fins de cette divine épopée, appelée l'histoire de l'humanité. Aussi, voyez! la providence les rejette au loin comme une depouille inutile, après qu'elles ont satisfait aux prescriptions de leur destin. Ainsi en a-t-il été du vieux Portugal, dont Camoens, l'un des plus grands poètes du monde, a chanté les hauts faits. Hélas! notre mission est déjà achevée: nous survivons à notre gloire, nous vivons du souvenir de notre passé! Comme la Grèce, après avoir créé la civilisation antique, vit les peuples, ses disciples, raser ses villes et lui ravir ses chefs-d'œuvres de l'art; comme Rome, après avoir réuni sous sa domination l'empire du monde, pour l'assujettir à l'unité de la civilisation et préparer ainsi le terrain à la propagation de l'idée chrétienne, vit surgir des lointaines frontières du nord les hordes de barbares qui anéantirent ses années, brisèrent son sceptre et misent en pièces son manteau; ainsi le Portugal, après avoir enseigné aux nations le chemin de l'Orient, envoyé ses flottes et ses hardis capitaines à la découverte et à la conquête du monde inconnu, s'effaça dans un couchant précoce. Les autres peuples de l'Europe, suivant le sillage de ses galions, cueillirent le fruit de ses découvertes, lui ravirent et se partagèrent l'empire des mers qu'il osa le premier sillonner.

Camoens fut un poète providentiel. L'épopée que nos navigateurs imprimèrent sur le front des mers avec les quilles de leurs flottes, se serait évanouie comme les vestiges de leur passage, si le grand poète ne leur avait pas érigé dans les *Lusiades* un monument éternel. Camoens fut l'épilogue de nos gloires. Pour comprendre le vaste histoire du monde, les peuples ont besoin d'un nom, d'une parole pour symboliser un nombre complexe d'idées et d'événements. Camoens est le symbole qui représente, dans la grande histoire du monde, l'histoire de nos antiques et glorieuses destinées. Cette histoire, jusqu'à la catastrophe d'Alcacer-Kibir, s'isole des annales des autres nations de l'Europe. Tandis qu'au dehors la lutte avec le féodalisme, son anéantissement et le développement intellectuel, que suscitèrent les controverses religieuses, preparaient la voie aux temps et à la civilisation modernes, le Portugal, exempt de ces luttes, accomplissait une mission non moins importante, en reliant à l'Europe les autres parties du monde, et en préparant ainsi l'unité et la solidarité pour lesquelles sont toutes les tendances de la civilisation actuelle. Quand les autres pays se reposèrent de leurs dissensions intestines et inaugurèrent l'époque de leur progrès industriel et commercial, d'où date leur prospérité, ils trouvèrent reculées les frontières du monde connu et un champ beaucoup plus vaste ouvert au développement de leurs entreprises. Mais connaissaient-ils les épisodes brillants de cette lutte pour étendre les domaines de la civilisation? Qu'importait aux traficants qui trouvaient des mondes nouveaux à la disposition de leurs spéculations, le nom des hommes qui avaient les premiers doublé le Cap des Tempêtes, visité les Indes comme Alexandre, découvert le Brésil, pénétré dans les solitudes de l'Océan Pacifique, posé le pied dans l'empire fabuleux de la Chine, et fait le tour complet du globe? Il fallut les prestiges de la lyre épique pour faire connaître et rendre populaires à l'univers les nom de ce poignée de héros, qui paraissent un legs du monde antique pour accomplir la part de destinée dévolue à cette civilisation. Sous ce point de vue, l'importance des *Lusiades* ne rencontre d'égale que dans les poèmes d'Homère. Le poète, dont sept villes de la Grèce se disputèrent le berceau, chanta une époque et un des événements les plus remarquables dans l'histoire: le siège et la destruction de Troie, qui signifient le triomphe de la race hellénique, dont la civilisation créa les prodiges que nous savons. Mais depuis Homère jusqu'à Camoens, aucun autre poète ne s'est placé à la hauteur d'un sujet si considérable dans l'histoire du monde. Les gloires de Rome sont plutôt consignées dans le poème en prose de Tite Live que dans les chants brillants et poétiques de l'*Éneide* qui racontent l'origine fabuleuse des romains. Dante, l'un des plus grands poètes connus, le génie admirable et profond qui ouvre la scène littéraire du monde moderne, vit et vivra toujours plus par le tour merveilleux de son inspiration que par le sujet de son poème. Le Tasse, le poète suave et élégant des guerres de la Terre-Sainte, n'a point chanté les exploits de Godefroi et de ses compagnons d'armes avec la foi des guerriers qui conquirent le Saint-Sépulcre ou des héros qui combattent pour leur religion et pour leur patrie. Camoens assista lui-même aux exploits qu'il raconte dans son poème; il parcourut le théâtre des gloires qu'il narre; il eut part, il fut poète et soldat en même temps; ses compositions respirent le plus pur amour de la patrie. Cet attachement devait redoubler, en assistant, une grande partie de sa vie, aux symptômes de sa rapide décadence; en voyant s'éteindre les gloires qu'il avait chantées et auxquelles il avait pris part; en survivant, à ses derniers moments, à la mort du Portugal, écrite en lettres de sang sur les sables de l'Afrique occidental, le premier théâtre de nos glorieux exploits d'autre-mer.

Même quand Camoens ne serait pas mort dans le dénuement, l'abandon et la misère, comme le prétendent quelques critiques modernes, de quelle douleur, de quel découragement n'ont pas dû être semés les derniers jours de sa vie tramés dans l'obscurité, en voyant tomber près de lui les ruines de la patrie qu'il avait tant aimée, des gloires qu'il avait identifiées à la sienne? Le sort de Camoens ressemble à celui de maints autres grands poètes. Comme Ovide, il fut exilé aux extrémités du globe

In extremis atque ignotis partibus orbis.

Comme le Tasse, il a souffert à cause de *hautes* amours. Comme Homère, quelque temps après sa mort, on s'est disputé la gloire de lui avoir donné le jour. Comme Ennius, le chantre de Scipion, dont il ne nous reste que de fragments, il pourrait avoir laissé, pour être gravée sur son tombeau, cette épitaphe

Adspierte, o cives.........................
Hic vostrum panxit maxima facta patrum.
Nemo me lacrymis decoret, nec funera fletu
Facsit. Cur? volito vivus per ora virum.

La véritable histoire de Camoens n'est pas encore, même aujourd'hui, bien connue, malgré tout ce qui s'est écrit sur le poète et son chef-d'œuvre. On dit qu'un savant antiquaire, M. le Vicomte de Jeromenha, compose un travail étendu et consciencieux sur ce sujet, et que le résultat de ces laborieuses recherches va jeter un nouveau jour sur la vie du poète et rétablir des faits qu'il parait que la tradition a altérés.

Le temps n'est pas loin encore où le doute existait sur le lieu qui fut son berceau. Coïmbre et Santarem ambitionnèrent cette gloire. Il est avéré aujourd'hui que le poète naquit à Lisbonne. La date de sa naissance a été le second sujet de la controverse; il parait néanmoins qu'il faut la reporter à l'année 1517. Il resta quelque temps à Coïmbre, d'où l'on infère qu'il commença sinon acheva les cours de l'université. Le fait que démontrent ses écrits, c'est qu'il reçut une éducation littéraire épurée. Il semble, avant sa sortie du royaume, avoir été exilé à Santarem, pour cause, a-t-on prétendu, de ses amours avec D. Cathérine d'Athaide, dont il a couvert le nom, dans ses vers, de l'anagramme de Nathercie. Les dégoûts qu'il éprouva dans son pays le déterminèrent à passer dans l'Inde. On lui attribue, lors de son départ, ce dire de Scipion:

Ingrata patria, non possidebis ossa mea.

Arrivé à Goa, il prit part à plusieurs expéditions périlleuses, qui ont inspiré quelques stances des *Lusiades*. Pendant un de ses séjours à Goa, il composa une pièce satyrique contre les abus du gouvernement de l'Inde, ce qui le fit bannir à Macau par le gouverneur Francisco Barreto. Ce fut durant le voyage, au lieu de son exil, que le navire que le transportait ayant fait naufrage, il se sauva à la nage, fendant d'une main les ondes, et de l'autre soutenant au-dessus des flots le précieux manuscrit de son poème.

Il resta cinq années à Macau, où il remplit quelque temps la charge de curateur des successions. Lorsqu'il retourna à Goa, il fut encarcéré par ordre du gouverneur général, sous inculpation de certaines fautes commises dans l'exercice de ses fonctions. Puis on le voit encore se livrer, dans ces régions, au métier des armes, jusqu'à son retour en Portugal, 1569. Là, il fit imprimer son poème, qui, dès son apparition, eut une vogue éclatante. Mais les malheurs de la patrie vinrent interrompre sa gloire. Ses dernières années sont encore enveloppées de quelque obscurité. Il mourut en 1579 (1), un an avant l'anéantissement de la nationalité portugaise dans les mains de Philippe II de Castille.

Camoens a été le dernier poète épique. Le temps des faits héroïques et de l'admiration ingénue pour les grands hommes est passé, pour ne plus revenir. Il y a en effet un je ne sais quoi de juvénil et de primitif dans l'épopée. L'humanité s'est interrogée et reconnue, elle a médité sur ses destinées et a trouvé les héros plus petits qu'elle ne se l'était imaginé. La réflexion tue l'enthousiasme. L'humanité a réfléchi et a chassé de leur Olympe les demi-dieux. Plus on étudie la nature humaine dans ses lois sublimes, plus petits paraissent les hommes. L'humanité est grande comme manifestation puissante de la pensée de Dieu; mais l'individu est insignifiant, du moment que s'est revelée la loi éternelle qui le fait esclave de la mission que lui impose la providence.

La civilisation chrétienne a tué l'épopée, qui était la deification de l'homme. Plus parfaite et plus grandieuse est l'idée que l'on se fait de la divinité, plus chétif et plus humble s'annihile l'homme.

Mais si la poésie épique est morte pour toujours, les épopées brillantes qui nous restent n'en continueront pas moins à être l'objet de l'admiration, comme des monuments grandieux de l'histoire passée.

La mémoire de Camoens vivra, tant que le nom de Portugal ne sera pas rayé de la carte de l'Europe.

Antonio de Serpa.

(1) Après la publication de cette biographie (1853) Mr. le V.te de Juromenha a avéré la date de la mort du poète le 10 Juin 1580.

Catalogue

de la vente d'une Collection « Camoniana »

ÉDITIONS ORIGINALES

Obras

1. OBRAS de Luis de Camões, principe dos poetas portuguezes, com os argumentos de João Franco Barreto, etc. *Lisboa, Antonio Crasbeeck de Mello,* 1669. 1 vol. in-4, *relié.*

   Contient cette édition : *Lusiadas,* 1669.—*Primeira, segunda e terceira parte das Rimas,* 1666-69-68.
   Très bel exemplaire de cette édition fort rare.
   Édition estimée à cause de la révision soigneusement faite par João Franco Barreto, et parce qu'elle sert d'édition *princeps* pour les *Rimas* contenues dans la troisieme partie.

2. OBRAS do grande Luis de Camões, novamente dadas á luz com os *Lusiadas,* commentados pelo Licenciado Manuel Corrêa, etc. *Lisboa, José Lopes Ferreira,* 1720. 1 vol. in-fol., *relié.*

   Exemplaire en très bon état de cette édition rare et recherchée.

3. OBRAS de Luis de Camões.— Nova edição. *Paris, Pedro Gendron,* 1759. 3 vols. in-12, *reliés.*

   Rare. Avec portr., carte et grav.

4. OBRAS de Luis de Camões — nova edição, a mais completa e emendada de quantas se tem feito até o presente. Tudo por diligencia e industria de Luiz Francisco Xavier Coelho. *Lisboa, Officina Luisiana,* 1779. 4 vol. in-8, *reliés.*

   C'est la célèbre édition de Thomas José de Aquino. Rare et estimée.

5. OBRAS de Luis de Camões. — Segunda edição da que na officina Luisiana se fez nos annos de 1779 e 1780. *Lisboa, Simão Thadeo Ferreira,* 1782, 1783. 4 vols. in-8, *reliés.*

C'est la deuxième édition, revue et préfaciée par Thomaz José de Aquino Rare. Portr.

6. OBRAS do Grande Luis de Camões. —Terceira edição da que na officina Luisiana se fez em Lisboa nos annos de 1779 e 1780. *Paris, Firmin Didot,* 1815; 5 vols. in-12, *reliés.*

Jolie édition la plus élégante des œuvres du Poète, avec portr., cartes et grav.— Peu commune.

7. OBRAS do Grande Luis de Camões.—Id., id.

Tomo 1.º e 2.º: *Lusiadas,* 2 vols. avec portr. planches et cartes.
Tomo 3.º: *Rhitmas,* 1 vol. (xxvii — 454 pag. e lij —175 pag.) 3 vol. in-12, *reliés.*

8. OBRAS completas de Luis de Camões, correctas e emendadas pelo cuidado e diligencia de J. P. Barreto Feio e J. Gomes Monteiro. *Hamburgo, Langhoff,* 1834. 3 vols. in-8, *reliés.*

Édition estimée, et difficile à trouver dans le commerce.

9. OBRAS de Luis de Camões. *Lisboa, F. I. Pinheiro,* 1852. 3 vols. in-18, *reliés.*

De la collection de la *Bibliotheca Portugueza.*

10. OBRAS de Luis de Camões. *Lisboa, Imprensa Nacional,* 1860-69. 6 vols. in-8, *reliés, non rogné.*

C'est la magnifique édition du VISCONDE DE JUROMENHA. Bel exemplaire.

11 OBRAS de Luis de Camões. — Id., id. 6 vols. in-8, *belle reliure* mar. noir fil. doré *s. tr.*

Id., id., id.
Bel exemplaire de l'édition spéciale sur *papier Vélin fort* tiré a 50 exemplaires pas mis dans le commerce.

12. OBRAS completas de Luis de Camões. — Edição critica com as mais notaveis variantes. *Porto, Imp. Portugueza,* 1873-74. 8 tomes in-12 *reliés* en 3 vols.

Édition publiée pour la rédaction de l'*Actualidade* et revue par le Dr. Theophilo Braga.

13. OBRAS completas de Luis de Camões. — Id., id. 4 vols. in-8, *reliés.*

Tomo 1.°, 1873: *Sonetos.* — Tomo 1.°, 1874: *Elegias.* — Tomo 2.°, 1874: *Redondilhas.* — Tomo 3.°, 1874: *Lusiadas.*

Lusiadas — Rimas

14. OS LUSIADAS do grande Luis de Camões, commentados por Manuel Corrêa. *Lisboa, Pedro Crasbeeck,* 1613. 1 vol. in-4, *relié.*

Bel exemplaire de cette édition fort rare. — Très estimée à cause des *Commentarios* de Manuel Corrêa et de l'*Introducção* de Pedro de Mariz.

15. OS LUSIADAS de Luys de Camões. *Lisboa, Pedro Crasbeeck,* 1631. 1 vol. in-32, *relié.*

Édition rarissime. Quelques piqures. De reste bon exemplaire, court de marges comme les exemplaires connus de cette édition miniature.

16. LUSIADAS de Luis de Camoens, principe de los poetas de España. Al Rey N. Senhor Felipe Quarto el Grande, comentados por Manuel de Faria e Sousa, etc. *Madrid, Juan Sanchez,* 1639. 2 vols. in-fol.

Volume I: 1.° e 2.° tomo. — Volume II: 3.° e 4.° tomo. — Portrait et gravures de Paulo de Villa Franca.
Exemplaire relié en bon état de cette rare édition.

17. LUSIADAS de Luis de Camões. 1 vol. in-4, *relié. Bien que le titre exact soit* — Obras de Luis de Camões, principe dos poetas portuguezes. Com os argumentos do Licenciado João Franco Barreto, etc. *Lisboa,* 1669, *ce volume contient seulement les «Lusiadas» et l'Index.*

Quelques raccomodages aux premiers feuillets mais qui ne touchent pas le texte. De reste très bon exemplaire de cette rare édition.

18. OS LUSIADAS do grande Luis de Camoens, principe dos poetas de Hespanha, com os argumentos do Licenciado João Franco Barreto e *Index* de todos os nomes proprios, etc.; *suivi de* RIMAS do grande Luis de Camoens, etc. *Lisboa,*

Antonio Craesbeeck de Mello, 1670. 2 vols. in-24, *reliés* en 1 vol.

Très rare. Joli volume. Legers raccomodages à la première et deuxième pag. De reste bon exemplaire.

19. LUSIADA, com os argumentos de João Franco Barreto, illustrado com varias e breves notas, e com um precedente apparato do que lhe pertence, por Ignacio Garcez Ferreira, entre os Arcades Gilmedo. *Napoles e Roma, Officina Parriniana e Antonio Rossi*, 1731-32. 2 vols. in-4.

Avec portr. de Camões et carte.
Bel exemplaire doré s. tr. de cette édition rare et estimée.

20. LUSIADAS de Luis de Camões. *Coimbra, Imp. da Universidade*, 1800. 2 vols. in-24.

Avec portr. de Camões et une planche.—Rare.

21. LUSIADAS de Luis de Camoens. *Lisboa, Typ. Lacerdina*, 1805. 2 vols. in-12, *reliés*.

Bon exemplaire avec le portrait de Camoens et 10 gravures.

22. LUSIADAS de Luis de Camoens.—Id., id., id.

Id., id., id.

23. LUSIADA de Luis de Camoens.—Edição de I. E. Hitzig. S. l. n. d. (*Berlim*, 1810 selon Mr. de Varnhagen). 1 vol. in-16, *br., non rogné*.

Cette édition est dediée à Mr. W. de Humboldt.

24. LUSIADA de Luis de Camoens.—Id., id., *relié*.

Id., id., id.

25. OS LUSIADAS, poema epico de Luis de Camões.—Nova edição correcta e dada á luz, por D. José Maria de Sousa Botelho, Morgado de Matheus. *Paris, Firmino Didot*, 1817. 1 vol. in-4, atlantico.

Très rare. C'est la célèbre et splendide édition du *Morgado de Matheus*, d'une belle exécution typographique avec 12 gravures des meilleurs artistes, faites sous la direction de M. Girard. Cette édition n'a pas été mise dans le commerce et on en a fait un seul tirage de 210 exemplaires.— Bel ex. relié d. s. tr.

26. OS LUSIADAS.—Poema do Grande Luis de Camões. *Avinhão, Francisco Séguin*, 1818. 2 vols. in-8, *reliés*.

27. OS LUSIADAS.—Nova edição correcta e dada á luz conforme a de 1817, in-4.°, por D. José Maria de Sousa Botelho, Morgado de Matheus. *Paris, Firmino Didot*, 1819. 1 vol. in-8, *relié*.

Bel exempl ire de cette édition estimée, préférable, à cause des corrections du texte, à la magnifique édition de 1817.—Portr. de Camões.

28. OS LUSIADAS.—Id., id. *Paris, Firmin Didot*, 1823. 1 vol. in-32, richement relié.

Charmante édition miniature avec le portr. du Poete.

29. OS LUSIADAS.—Id., id., id.

Id., id., id.

30. OS LUSIADAS.—Nova edição mais correcta. *Lisboa, Imprensa Regia*, 1827. 1 vol. in-16, *relié*.

Rare.

31. OS LUSIADAS.—Nova edição. *Lisboa, Typ. Rollandiana*, 1827. 1 vol. in-16, *relié*.

C'est la première édition publiée par l'ancienne maison Rolland difficile à trouver.

32. OS LUSIADAS. — Id., Id.

Id., Id.

33. LUSIADAS de Luis de Camoens a que se juntam a vida do poeta, hum argumento historico dos *Lusiadas*, etc. *Lisboa, Eug. Augusto*, 1836. 2 vols. in-12, *reliés, non rognés*.

Édition rare.—Avec 10 planches et le portrait du Poète.

34. OS LUSIADAS.—Nova edição feita debaixo das vistas da mais accurada critica, etc.; seguida de annotações criticas, historicas e mythologicas, por Francisco Freire de Carvalho. *Lisboa, Typ. Rollandiana*, 1843. 1 vol. in-8, *relié non rogné*.

Ouvrage très estimé à cause des corrections critiques et notes.

35. OS LUSIADAS.—Id., id., *br*.

Id., id., id.

36. OS LUSIADAS, poema épico de Luis de Ca-

mões. — Nova edição. *Lisboa, Typ. Rollandiana*, 1846, 1 vol. in-16, *relié.*

C'est la cinquième édition Rollandiana.—Reliure en mauvais état, mais l'exemplaire en état parfait.

37. OS LUSIADAS. — Restituido á sua primitiva linguagem, etc., por José da Fonseca. *Paris, Baudry*, 1846. 1 vol. in-8, gr., *relié.*

Bel exemplaire, avec portr., de cette édition estimée et rare.

38. OS LUSIADAS. — Id., id., 1 vol. *br.*, *non rogné.*

En suite ao *Prologo*, vient — *Os Lusiadas.* Le portrait manque.

39. OS LUSIADAS. — Nova edição. *Lisboa, Typ. Rollandiana*, 1850. 1 vol. in-16, *relié.*

Sixième édition Rollandiana. — Rare.

40. OS LUSIADAS, poema epico de Luis de Camões. — Edição publicada por Domingos José Gomes Brandão. *Rio de Janeiro, Typ. Braziliense de M. G. Ribeiro*, 1855. 1 vol. in-12, *relié.*

Rare.

41. OS LUSIADAS. — Nova edição. *Lisboa, Typ. Rollandiana*, 1857. 1 vol. in-16, *relié.*

Huitième édition Rollandiana.—Rare.

42. OS LUSIADAS. — Nova edição, revista pelo dr. Caetano Lopes de Moura. *Paris, Firmin Didot*, 1859. 1 vol. in-8, *relié.*

Bel exemplaire de cette édition estimée et peu connue.—Rare.

43. OS LUSIADAS de Luis de Camões.—Nova edição segundo a do Morgado Matheus, com as notas e vida do autor pelo mesmo corrigida segundo as edições de Hamburgo e de Lisboa, e enriquecida de novas notas e de uma prefação pelo dr. Caetano Lopes de Moura. *Paris, Firmin Didot. s. d.* 1 vol. in-8, *relié.*

Bel exemplaire de cette édition rare et peu connue.

44. OS LUSIADAS. — Nova edição, *Lisboa, Typ. Rollandiana*, 1860. 1 vol. in-16, *relié.*

C'est la neuvième édition Rollandiana.—Rare.

45. OS LUSIADAS.—*Lisboa, L. C. da Cunha.* (Entulhos da rua de S. Mamede, 5.) 1864. 1 vol. in-16, *relié.*

Très rare.

46. OS LUSIADAS, poema epico de Luis de Camões.—Nova edição conforme á de 1817, in-4.°; correcta e dada á luz por Paulino de Sousa. *Paris, Veuve J. P. Aillaud, Guillard & C.ie*, 1865. 1 vol. in-18, *relié.*

Magnifique exemplaire de cette belle édition avec portr. et grav.

47. OS LUSIADAS.—Id., id., id.

Id., id., id.

48. OS LUSIADAS, poema epico de Luis de Camões.—Nova edição, feita debaixo das vistas da mais accurada critica, etc. *Rio de Janeiro, Ed. e Henrique Laemmert.* 1866, 2 tomes *reliés* en 1 vol. in-8.

Portrait de Camões et planches coloriées.
Reliure originale avec gravure de Camões en or.—Rare.

49. OS LUSIADAS.—*Lisboa, Livraria de J. J. Bordalo,* 1868. 1 vol. in-16, *relié.*

Rare.

50. OS LUSIADAS.—*Leipzig, F. A. Brockhaus,* 1873. 1 vol. in-8, *relié.*

Édition annotée et très complète.

51. OS LUSIADAS, poema epico de Luis de Camões—nova edição, etc., por Paulino de Sousa. *Paris, Veuve de J. P. Aillaud,* 1873. 1 vol. in-18, jolie reliure, *d. s. tr.*

Avec portr. de Camões et vignettes.—Bel exemplaire.

52. OS LUSIADAS.—Id., id., id.

Id., id, id.

53. OS LUSIADAS por Luiz de Camões, acompanhado da versão franceza do mesmo poema por Fernando de Azevedo, precedido de um prologo

por M. Pinheiro Chagas. *Lisboa, Imprensa Nacional,* 1878. 1 vol. in-fol., en livraisons.

Édition illustrée avec dessins de Soares dos Reis, Gualtier et Mas, gravures de Pedroso, Pastor et Deschamps. Commencée á imprimer em 1878 á Lisbonne a seulement été terminée en 1880 á Paris, chez A. Lahure. La version française est en prose.

54. OS LUSIADAS de Luis de Camões. *Porto, Imprensa Portugueza,* 1880. 1 vol. in-8.°, *br. n. c.*

Charmante édition dont on a seulement fait 250 exemplaires numerotés sur papier *Binda,* imprimée à trois couleurs en aldin français du siecle XVI, avec une tres complete biographie du Poete, par le Dr. Theophilo Braga qui a revu cette édition.

55. OS LUSIADAS.—Id., id., *relié, d. s. tr.*

Id., id., id.

56. OS LUSIADAS de Luiz de Camões, com um juizo critico por José M. Latino Coelho. *Lisboa, David Corazzi,* 1880. 1 vol. in-fol., belle reliure, *d. s. tr.*

Magnifique papier, caracteres elzeviriens. Imprimée seulement à 52 exemplaires, dont celui-ci est le n° 36. Completement épuisée.

57. OS LUSIADAS de Luis de Camões, publicado por Emilio Biel. *Leipzig,* 1880. 1 vol. gr. in-fol., *relié.*

Édition illustrée avec 14 gravures en acier, 10 en chromo-typographie, 16 en xylographie, déssins originales des artistes plus notables de l'Europe et 11 photo-gravures de la célebre édition du Morgado Matheus.

Tres bel exemplaires en papier *Vélin fort,* tiré à 100 exemplaires numerotés, dont celui ci est le n.° 36. — Gravures avant la lettre sur papier de *Chine,* reliure spéciale d'une grande beauté, tranches en mosaique bleu. C'est sans doute la plus riche édition des *Lusiadas.*—Epuisée.

58. OS LUSIADAS de Luis de Camões.—Id., id.

Id., id., id.
Tres bel exemplaire du tirage commun sur papier *Vélin.*—Même reliure.

59. OS LUSIADAS de Luis de Camões. Canto III. Episodio de D. Ignez de Castro. *s. l. n. d. (Lisboa,* 1880), 1 vol. in-4.°, *relié.*

Fac-simile photolithographique de la premiere édition de 1572, dont on a fait qu'un tirage tres petit. Pas mis dans le commerce. — Rare.

60. OS LUSIADAS. — Brinde dos estudantes de Coimbra. *Coimbra,* 1881. 1 vol. in-18, *br.*

Edition commemorative de l'inauguration à Coimbra du monument à Camões.

61. RIMAS de Luis de Camões, principe dos poetas portuguezes.—Primeira, segunda e terceira parte, n'esta nova impressam emmendadas, & acrescentadas pelo licenciado Joam Franco Barreto. — 2 vols. in-4, *reliés:* vol. 1.er—1ère et 2ème partie. *Lisboa,* 1666; vol. 2ème — 3eme partie. *Lisboa,* 1668.

Exemplaire en magnifique état de cette rare édition trop estimée — qui sert d'édition *princeps* des poésies contenues dans la troisième partie. Pour joindre à cette édition on a imprimé les *Lusiadas* du nº 17.

62. RIMAS varias de Luis de Camoens, principe de los poetas heroycos de España, y comentadas por Manuel de Faria y Sousa. *Lisboa, Theotonio Damaso de Mello,* 1685-1689. 2 vols. in-fol., *reliés.*

Bel exemplaire de cette édition rare et estimée.

63. EGLOGAS. — Elegias e da creação e composição do homem por Luiz de Camões. *Lisboa,* 1861. 1 vol. in-fol., gr. *relié.*

C'est le troisieme vol. de Obras de Luiz de Camões pelo Visconde Juromenha.

64. COMEDIAS de Luis de Camões. *Lisboa,* 1880. 1 vol. in-8.° peq., *br. n. c.*

TRADUCTIONS

LATINES

65. LUSIADUM libri decem. Authore Domino Fratre Thoma de Faria, Episcopo Targensi, Regioque Consiliario, Ordinis Virginis Mariae de Monte Carmeli, Doctore Theologo, Ullyssiponensi. *Ullyssipone, ex officina Gerardi de Vinea.* — Anno 1622, 1 vol. in-8.°, *relié.*

Exemplaire en très bon état.—Rarissime.

66. LUSIADUM.—Id., id., id.

Exemplaire en mauvais état à cause des piqures de ver.

67. O EPISODIO de D. Ignez de Castro, excerpto do Canto III dos *Lusiadas,* paraphraseado em

versos latinos, por A. J. Viale. *Lisboa, Lallemant frères,* 1875. 1 vol. in-8., *br.*

Rare. Pas mis dans le commerce.

68. IMITAÇÃO das estancias 118 e 119 do Livro Terceiro dos *Lusiadas* em versos latinos, por Francisco de Paula Santa Clara. *Coimbra, Imp. litteraria,* 1876, 1 vol. in-8., *br.*

69. EPISODIO do Gigante Adamastor, excerpto do Canto V dos *Lusiadas,* trasladado em versos latinos, por Antonio José Viale. *Lisboa, Lallemant frères,* 1876. 1 vol. in-8., *br.*

Cette édition n'a pas été mise dans le commerce. Rare.

70. EXCERPTOS dos *Lusiadas* com a a traducção em versos latinos, por Antonio José Viale. *Lisboa, Imp. Nacional,* 1878. 1 vol. in-8., *br.*

Cet ouvrage n'a pas été mis dans le commerce. — Rare.

71. EXCERPTOS dos *Lusiadas.* — Id., id., id.

Id , id., id.

72. EPISODIO da Ignez de Castro, extrahido dos *Lusiadas* de Camões, com a versão latina de Fr. Francisco de Santo Agostinho de Macedo. *Porto,* 1880. 1 vol. in-4, peq., *br. n. c.*

Tirage de 50 exemplaires numérotés; n° 45.

73. EPISODIO da Ignez de Castro. — Id., id.

Tirage de 350 exemplaires numérotés; n° 293.

ESPAGNOLES

74. LOS LUSIADAS, poema epico de Luis de Camões, que tradujo al castellano Don Lamberto Gil — tomos 1.° e 2.°; — suivi de *Poesias varias y Rimas;* tomo 3.°. *Madrid, Imprenta de Don Miguel de Burgos,* 1818. 3 vols. in-8, *reliés.*

75. LOS LUSIADAS, poema epico de Luis de Camões, traducido en verso castelhano por El Conde de Cheste. *Madrid, G. Baillière.* 1872. 1 vol. in-12, *relié.*

76. LOS LUSIADAS.—Id., id., id.

77. OS LUSIADAS (Los Portugueses), poema de Luis de Camoens, traducido por Don Cárlos Soler y Arques. *Badajoz, Typ. de José Santa Maria*, 1873. 1 vol. in-fol., *relié*.

Traduction en prose avec l'original en face avec le portr. du Poete.

78. OS LUSIADAS.—Id., id., id.

Id., id., id.

ITALIENNES

79. LUSIADA italiana di Carlo Antonio Paggi, seconda impressione. *Lisbona, Henrico Valente de Oliveira*, 1659. 1 vol. in-12.

Bel exemplaire de cette édition rarissime, *emendata dagl'errori trascorsi nella prima*; avec couverture en parchemin de l'époque.

80. I LUSIADI del Camoens, recati in ottava rima de A. Briccolani. *Parigi, Firmino Didot*, 1826. 1 vol. in-32, *relié*.

Bel exemplaire. Jolie édition miniature.

81. I LUSIADI tradotto della lingua Portoghese da Felice Belotti. *Milano, Presso Carlo Branco*, 1862. 1 vol. in-8, *relié*.

Édition estimée avec portr.

82. I LUSIADI.—Id., id., id.

Id., id., id.

83. I LUSIADI di Luigi Camoens, colla vita dell'autore, traduzione con note di Adriano Bonaretti. *Livorno, P. Vannini & F.*, 1880. 1 vol. in-8., *br. n. rogné*.

Version tres estimée.

84. I LUSIADI, poema de Luigi Camoens, traduzione di A. Nervi. *Milano, Edorado Louzogno*, 1882. 1 vol. in-8., *br.*

FRANÇAISES

85. LA LUSIADE du Camoens, poème héroique, traduit du portugais par M. Duperron de Castera. *Paris, Nyon,* 1768. 3 vol. in-12, *reliés.*

Bel exemplaire de cette édition rare.

86. LA MORT d'Ines de Castro et Adamastor, morceaux tirés et traduits de la *Luziade* de Camoens, pour servir d'essai à une traduction française en vers complète de ce fameux poème portugais, etc. par Sulpice Gaubier de Barrault. *Lisbonne, Imprimerie Royale,* 1772. 1 vol. in-4, *br.*

Très rare.

87. LA LUSIADE de Luis de Camoens, poème heroique en dix chants, nouvellement traduit du portugais avec des notes et la vie de l'auteur. Enrichi de figures à chaque chant. *Paris, Nyon,* 1776. 2 tomes *reliés* en 1 vol. in-8.

C'est la traduction en prose de Jean François Laharpe et D'Hermilly. En bon état.—Rare.

88. LA LUSIADE, ou les Portugais, poème de Camoens en dix chants. Traduction nouvelle avec des notes, par J. B. Millié. *Paris, Firmin Didot,* 1825. 2 vols. in-8, *reliés.*

Bon exemplaire.

89. LES LUSIADES ou les portugais, poème en dix chants par Camoens, traduction de J. B. J. Millié, revue par M. Dubeux, précedées d'une notice de Camoens, par M. Charles Magnin. *Paris, Charpentier,* 1841. in-12.°, *relié.*

Rare.

90. LES LUSIADES de Louis de Camoens, traduction nouvelle par M. M. Ortaire Fournier et Desaules, revue, annotée et suivie de la traduction d'un choix des poesies diverses, avec une notice biographique et critique sur Camoens, par Ferdinand Denis. *Paris, Librairie de Charles Gosselin,*

1841. 1 vol. in-18 gr., *br. non rogné* avec couverture imprimée des 2 cotés.

Version en prose.
Ce volume fait partie de la *Bibliothèque d'élite.*—Très rare dans cet état.

91. LES LUSIADES de Luis de Camoens.—Id., id., *relié.*

92. LES LUSIADES, poème de Camoens, traduit en vers par F. Ragon. *Paris, Ch. Gosselin e L. Hachette,* 1842. 1 vol. in-8, *relié.*

Rare.

93. LES LUSIADES.—Id., id., id., *br., non rogné.*

Tres rare dans cet état.

94. LES LUSIADES, traduction par M. Émile Albert. *Paris, Cosse et Marchal,* 1859. 1 vol. in-8, *relié.*

Rare.

95. LES LUSIADES ou les portugais, poème en dix chants par Camoens, traduction de J. B. J. Millié, revue par M. Dubeux, etc. *Paris, Charpentier,* 1862. 1 vol. in-12, *relié.*

Édition epuisée et estimée.

96. EPISODIOS de Ignez de Castro e Adamastor, extrahidos dos Cantos IV e V dos *Lusiadas,* com a traducção em versos francezes, por J. A. d'Escodeca de Boisse. *Lisboa, Imprensa Nacional,* 1868. 1 vol. in-4, *br.,* port.

97. LES LUSIADES, traduction de Fernand d'Azevedo. *Paris, Veuve J. P. Aillaud Guillard & C.ie,* 1870. 1 vol. in-8, *relié.*

Bel exemplaire.

98. CAMOENS et les *Lusiades,* étude biographique, historique et littéraire suivie du poème amoté, par Clovis Lamarre. *Paris, Didier & C.ie,* 1878. 1 vol. in-8., *br. n. rogné.*

Etat de neuf.

99. LES LUSIADES ou les Portugais, poème en dix chants, par Camoens. *Limoges, s. d.,* 1 vol. in-12.

Rare, avec une grav.

ANGLAISES

100. THE LUSIAD or Portugals historicall poem: written in the portingall language by Luis de Camoens; and now newly put into English by Richard Fanshaw. Esq. *London, Humphrey-Moseley*, 1655, 1 vol. in-4, *relié*.

En bon état. Avec le portr. de Vasco da Gama. — Rarissime.

101. THE LUSIAD or the discovery of India, an epic poem translated from the original portuguese of Luis de Camoens by William Julius Mickle. *Oxford, Jackson and Lister*, 1776, 1 vol. in-4, gr., *relié*.

Bel exemplaire. Premiere edition tres rare de cette version la plus répandue des versions anglaises.

102. THE LUSIAD or the discovery of India, an epic poem translated from the original portuguese of Luis de Camoens by William Julius Mickle. *Oxford, Jackson and Lister*, 1778, 1 vol. in-4, gr., *relié*.

Avec grav. et carte. Bel exemplaire. Deuxieme édition. — Rare.

103. THE LUSIAD or the discovery of India, an epic poem translated from the original portuguese of Luis de Camoens by William Julius Mickle. *London, T. Cadell Jun. and W. Davies*, 1798, 2 vols. in-8, gr., *reliés*.

Bel exemplaire. — Rare.

104. POEMS from the portuguese of Luis de Camoens, by Lord V. Strangford. *London, J. Carpenter*, 1803, 1 vol. in-12, *relié*.

C'est la *première* édition de cette version recherchée et tres estimée Portr.

105. POEMS from the portuguese of Luis de Camoens, by Lord Viscount Strangford. Sixth edition. *London, J. Carpenter*, 1810, in-12.

Portr. — Rare.

106. THE LUSIAD of Luis de Camoens, books 1 to 5, translated by Edward Quillinan, with notes by

John Adamson. *London, Ed. Moxon*, 1853. 1 vol. in-8, *relié.*

Avec portr. Bon exemplaire rare. Malheureusement la mort prémature de mr. Quillinan a privée la littérature de la suite de cette belle version anglaise.

107. THE LUSIADS of Camoens translated by J. J. Aubertin. *London, Kegan Paul & C.°*, 1878. 2 vol. in-8, avec *cartonnage spéciale tête dorée.*

Exemplaire neuf de cette belle édition avec les portrait de Camões et Vasco da Gama.

108. OS LUSIADAS (The Lusiads), englished by Richard Francis Burton. *London, Quaricht*, 1880. 2 vol. in-16, *jolie cart. spéciale, non rogné.*

ALLEMANDES

109. DIE LUSIADE des Camoëns. Aus dem Portugiesischen in Deutsche Ottavereime ubersetzt. *Leipzig, Weidmannischen-Buchhandlung*, 1807. 1 vol. in-8, *relié.*

C'est la traduction de Kuhn et Winckler. — Tres rare.

110. DIE LUSIADEN des Luis de Camoëns, verdeutscht von J. J. C. Donner. *Stuttgart, Loflund*, 1833. 1 vol. in-8, *relié.*

Exemplaire en bon état de cette jolie édition.

111. SONETTE von Luis Camoëns, aus dem Portugiesischen von Luis von Arentschildt. *Leipzig, Brockhaus*, 1852, 1 vol. in-12, *broché non rogné*, avec couverture imprimée.

112. SONETTE von Luis Camoëns. — Id., id., id.

Exemplaire de la même edition, mais avec une autre couverture, indiquant que ce volume fait partie de la *Bibliothek classischer Schriften des Auslandes.*

113. SONETTE von Luis Camoëns. — Id., id., id. 1 vol. in-12, *relié.*

114. DIE LUSIADEN. Epische Dichtung von Luis de Camões. Nach José da Fonseca's portugiesischer Ausgabe im Versmaasse des Originals ubertragen

von F. Boock Arkossy. *Leipzig, Arnoldische Buchhandlung*, 1854. 1 vol. in-16, *broché non rogné*.

Bel exemplaire de cette jolie edition avec les portr. de Camões et Vasco da Gama.

115. DIE LUSIADEN. — Id., id., id. — 1 vol. in-16, *cart. dor. s. tr.*

Id., id., id.

116. DIE LUSIADEN des Luis de Camoëns verdeutscht von J. J. C. Donner. Pacit Ausgab. *Stuttgart-Symaringen, H. W. Beck*, 1854. 1 vol. in-8, *relié*.

Bel exemplaire de cette edition fictice. — Rare.

117. LUIS de Camoëns, Sammtliche Gedichte, zum ersten Male deutsch von Wilhelm Storck. 1er et 2e vol., 1880; 3e vol., 1881; 4e vol., 1882; 5e vol., 1883; 6e vol., 1885. *Paderborn, F. Schoningh*, 6 vol. in-8, *brochés non coupés*.

Magnifique version allemande des œuvres de l'immortal Camões.

DANOISE

118. LUIS de Camoens's Lusiade oversat af oct portugisiske ved H. V. Lundbye. *Kjobenhavn, Christensens Euke*, 1828-1830, 2 vol. in-16, *reliés dans un seul vol.*

Exemplaire en bon état de cette edition rare.

119. LUIS de Camoëns, Idem, idem, idem.

Id., id., id.

POLYGLOTE

120. IGNEZ DE CASTRO, episodio extrahido do Canto terceiro do poema epico *Os Lusiadas* de Luis de Camões. Edição em quatorze linguas. *Lisboa, Imp. Nacional*, 1873. In-fol.

Avec portrait.

121. IGNEZ DE CASTRO, id. id. id.

Commentaires, études critiques et œuvres litteraires

publiées à Portugal et étranger et qui se rattachent à Camões

122. ABREU (Casimiro de), CAMÕES E O JAU. *Lisboa, Panorama,* 1867. 1 vol. in-8, *br.*

123. ABREU (G. de Vasconcellos), FRAGMENTOS de uma tentativa de estudo scoliastico da epopeia portugueza. *Lisboa,* 1880. 1 vol. in-8 gr., *br., n. c.*

124. ABREU (G. de Vasconcellos), FRAGMENTOS, id., id., id.

125. ADAMSON (John), MEMOIRS of the life and writings of Luis de Camoens. *London, Longman, Hurst, Rees, Orme and Brown,* 1820. 2 vol. in-8, *reliés.*

Ouvrage tres estimée et difficile à trouver dans le commerce. C'est un travail bien sérieux et qui renferme notes précieuses et tres fideles sur la bibliographie de Camões. Avec planches.

126. ADAMSON (J). REPLY of Camoens. *Newcastle,* 1845.

Feuille de quatre pages avec une gravure. — Tres rare.

127. ALMA minha gentil. Camoneana. *Porto,* 1883. 1 vol. in-8, *br.*

Édition de 25 exemplaires dont celui-ci est le n° 7.

128. ALMANACH CAMÕES, para 1881. *Lisboa,* 1880. In-8, *br.*

Contient la marche triomphale à Camões de Augusto Machado.

129. ALMANACH Illustrado para 1881. *Lisboa,* 1880. 1 vol. gr. in-8, *br.*

130. ALMANACH do Trinta (1881). *Lisboa,* 1880. 1 vol. in-12, *br.*

Édition épuisée. Reference au Tricentenaire de Camões.

131. ALMEIDA (F. A. de), Os LUSIADAS do Seculo XIX, poema heroi-comico (parodia). *Lisboa, So-*

ciedade *typographica franco-portugueza*, 1865. 1 vol. in-16, *br.*

132. ALMEIDA (F. A. de), Os Lusiadas do Seculo xix, id., id., id.

133. ALMEIDA (F. A. de), id., id., 1865-84. 2 vol. in-8, *br.*

134. ALMEIDA D'EÇA. (S. L.), Luiz de Camões marinheiro. *Lisboa*, 1880. 1 vol. in-8, *br.*

135. AMARAL (Antonio da Fonseca e), Glosa da estrophe: *Estavas, linda Ignez, posta em socego*, de Camões. *Evora, A. F. Barata*, 1881. 1 vol. in-8, *br.*

136. AMARAL (Antonio da Fonseca), Glosa, id., id.

137. AMORIM (F. Gomes de) Cantos matutinos. *Porto, Braga e Rio de Janeiro*, 1875. 1 vol in-16, *br., n. c.*

Pag. 164 et suiv. — *O Jaù.*

138. ANNUARIO da Sociedade Nacional Camoneana. *Porto*, 1881. 1 vol. in-4, *br.*

Rare.

139. APPARIÇÃO do gigante Adamastor a Vasco da Gama. *Porto*, 1883. 1 vol. gr. in-8, *br.*

140. APOLOGIA de Camões contra as reflexões criticas do Padre José Agostinho de Macedo. *Lisboa*, 1840. 1 vol. in-8, *br. n. c.*

Rare, dans un bel état.

141. APOLOGIA de Camoens contra as reflexoens criticas do P. José Agostinho de Macedo. *Santiago, D. Joam Moldes*, 1819. 1 vol. in-4, *br.*

Le frontispice bien imité à la main. Taches d'eau. — Très rare.

142. AQUINO (Thomaz Joseph de), A Vida de Camões, seguida de uma outra noticia da sua existencia por *Manuel de Faria e Souza. Porto*, 1880. 1 vol. in-8, *br.*

143. ARANHA (Brito), Camões e os Lusiadas. *Lisboa*, 1880. In-8 gr., *br., n. c.*

144. BARATA (A. F.), CARTA... depois da leitura do episodio Ignez de Castro. *Evora*, 1881. 1 vol. in-8, *br*.

145. BARK (Ernst) WANDERUNGEN in Spanien und Portugal, 1881-1882. *Berlin*, 1883. 1 vol. in-8, *br*.

Pag. 124 et suiv. — *Camões*.

146. BASTOS (Teixeira), LYRA CAMONEANA. *Lisboa*, 1880. 1 vol. in-8 gr., *br*.

Jolie édition dont on n'a fait qu'un seul tirage tres limité ; pas dans le commerce.

147. BASTOS (Teixeira), LUIZ DE CAMÕES e a nacionalidade portugueza. *Lisboa*, 1880. 1 vol. in-32, *br*.

Forme le vol. XV de la *Bibliotheca Republicana Democratica*.

148. BORNHAK (G.), LEXICON der allgemeineu Litteratur. *Leipzig*, 1882. 1 vol. in-8, *br. n. c.*

Pag. 69 a 71 — *Camões*.

149. BRAGA (Theophilo), HISTORIA de Camões. *Porto, Imprensa Portugueza*, 1873. 2 vol. in-16, *br*.

Parte 1.ª : *Vida de Luiz de Camões*. 1873.
Parte 2.ª : *Eschola de Camões — Poetas epicos*. 1875.

150. BRAGA (Theophilo), HISTORIA de Camões, id., id., id.

151. BRAGA (Theophilo), OS NOVOS CRITICOS de Camões. *Porto*, 1873. 1 vol. in-8 gr., *br*.

Pas mis dans le commerce. — Rare.

152. BROCKHAUS, CONVERSATIONS-LEXIKON, Livraison 44, in-8 gr. *Leipzig*, 1882.

Contient une biographie de Camões.

153. CAMÕES, poema. *Paris*, 1825. 1 vol. in-8, *br. n. r.*

Rare. C'est la premiere édition publiée anonyme du merveilleux poeme d'Almeida Garrett. Bel exemplaire avec la feuille d'*Errata*.

154. CAMÕES, poema, id., id., id.

155. CAMÕES em Coimbra. Poema realista. *Coimbra*, 1881. 1 vol. in-8, *br*.

156. CAMONEANA ACADEMICA, Junho - 1880. *Porto*, 1880. 1 vol. in-4, *br. n. c.*

Jolie edition avec portrait.

157. CARVALHAES (Alfredo) CAMÕES. *Porto*, 1880. 1 vol. in-12, *br.*

158. CARVALHAES (Alfredo). PARTIDA DE CAMÕES para o desterro de Africa. *Porto*, 1880. 1 vol. in-8, *br.*

159. CASTELLO-BRANCO (Camillo), LUIZ DE CAMÕES, notas biographicas. *Porto e Braga*, 1880. 1 vol. in-8 peq.

160. CASTILHO (A. F. de), CAMÕES, estudo historico-poetico. *Ponta Delgada*, 1849. 1 vol. in-8, *br.*

C'est la premiere édition rare de cet ouvrage, avec portr. de Camões et signature de l'auteur.

161. CASTILHO (Antonio Feliciano), CAMÕES, estudo historico-poetico liberrimamente fundado sobre um drama francez dos sr.s Victor Perrot e Armand du Mesnil, 2.a edição copiosamente accrescentada. 3 vol. in-8, *relié*. Lisboa, 1863.

A la fin du troisième vol. curieuse *Despedida d'esta 2.a edição*, datée — *Lisboa, no meu libur da R. N. de S. Francisco de Paula, 21 de abril de 1863.*

162. CASTILHO (Antonio Feliciano de), CAMÕES, id., id., id. 3 tomes *rel.* en 1 vol.

163. CASTILHO (Antonio Feliciano de), CAMÕES, id., id., id. 3 vol. in-18, *br.*

La couverture porte la date de 1864.

164. CATALOGO da Camoneana da *Bibliotheca do Porto. Porto*, 1880. 1 vol. in-8 gr., *br.*

165. CATALOGO resumido d'uma collecção camoneana. *S. Miguel. Typ. do Archivo dos Açores*, s. d. (1880). In-18, *br.*, *n. r.*

C'est le catalogue (edition definitive) de la célebre collection camoniana de mr. José do Canto, avec envoi.

166. CELSO JUNIOR (Affonso), CAMÕES. *S. Paulo*, 1880. 1 vol. in-32, *cart.*

Forme le cinquième vol. de la *Bibliotheca Util.* Jolie edition avec portr. de Camões.

167. CELSO JUNIOR (Affonso). CAMÕES.— Id., id.

Id., id., id.

168. O CENTENARIO de Camões em Pernambuco. *Porto*, 1880. 1 vol. in-12 gr., *br*.

169. CHAGAS (M. Pinheiro). O CENTENARIO de Camões. *Lisboa*, 1880. 1 vol. in-18, *br*.

170. CHAGAS (M. Pinheiro). O CENTENARIO de Camões.— Id., id., id.

171. COELHO (J. M. Latino). PANEGYRICO de Luis de Camões. *Lisboa*, 1880. 1 vol. in-8 gr., *br*.

172. COELHO (J. M. Latino). PANEGYRICO de Luis de Camões.— Id., id., id.

173. COMELLA (Don Luciano Francisco), DONA INEZ DE CASTRO, escena tragico-lirica. *A la fin*: *Valencia*, en la *Imprensa de Ildefonso Mompie*, año 1815. In-4, *br*.

Personas:
El Principe D. Pedro. Doña Ines de Castro. Personages mudos.
En vers. Très rare. — Au titre suit immédiatement la *Escena*.

174. CONCEIÇÃO (Alexandre da), A CAMÕES, homenagem por occasião das festas nacionaes do tri-centenario. *Lisboa*, *David Corazzi*, 1880. 1 vol. in-8 gr., *br*.

175. CONCEIÇÃO (Alexandre da), A CAMÕES. *Lisboa*, 1880. 1 vol. in-8 gr.

176. CONDE DE FICALHO, FLORA DOS LUSIADAS. *Lisboa*, 1880. 1 vol. in-8, *br. n. c.*

177. CONDE DE SAMODÃES, DISCURSO inaugural na Sociedade Nacional Camoneana. *Porto*, s. d., (1880). In-8 gr., *br*.

178. CONDE DE SAMODÃES. DISCURSO.— Id., id.

179. CONDE DE SAMODÃES, FESTAS do Centenario. Discurso inaugural. 1880, *Porto*, *Palacio de Christal*. 1 vol in-8 gr., *br*.

180. COSTA (Luiz da), REFLEXOS, poesia e prosa variada. *Lisboa*, 1883. 1 vol. in-16, *br*.

Pag. 79 et suiv. — *Camões*.

181. DANTAS (M. Emilio), PARALLELO ENTRE VIRGILIO E CAMÕES. *Porto*, 1880. 1 vol. in-4 gr., *br*.

182. DEUS (João de). Os LUSIADAS e a conversação preambular. *Lisboa*, 1880. 1 vol. in-18, *br*.

183. DINIZ (Dr. José Ferreira Garcia), ORAÇÃO FUNEBRE... PELOS HEROES DO ORIENTE. *Lisboa*, 1880. 1 vol. in-8, *br*.

184. ELPINO DURIENSE, POESIAS. *Lisboa*, 1812. 3 vol. in-4 peq., *br*. avec frontispice gravé.

Collection de sonnets à Ignez de Castro et poesies diverses relatives á Camões.

185. ENCYCLOPEDIA Britannica, ninth edition. *Edinburgh*, s. d., (1876). Part 16. 1 vol. in-4 gr.

Pag. 745 et suiv. — *Camoens*. — Rare.

186. EPIGRAPHIA Camoneana. *Evora*, 1882. 1 vol. in-12 gr., *br*.

187. ESCOSURA (D. Patricio de la). SEIS ESTROPHES do episodio de Adamastor. Versão espanhola. *Braga*, 1881. 1 vol. in-4, *br*.

Édition sur papier de couleur d'un tirage tres limité. — Rare.

188. ESMÉNARD. LA NAVIGATION, poème. *Paris*, 1806. 1 vol. in-8, *relié*.

Voyage de Vasco da Gama. Découverte des Indes; tableau de ces belles contrées. Conquêtes immenses des Portugais. Naufrage d'Emmanuel de Souza et de Leonore de Sá.
Seconde édition avec deux gravures de Monsiau.

189. ESTATUTOS do Atheneu Commercial. *Lisboa*, 1881. 1 vol. in-8 gr., *br*.

Association fondée en hommage à Camoens.

190. ESTEVES (Francisco Xavier), ALBUM LITTERARIO, commemorativo do 3.º centenario de Luiz de Camões. *Porto*, 1880. 1 vol. in-fol. de 28 pp.

Comprend articles de divers auteurs portugais et étrangers. Avec portr. du Poete et phot.

191. ESTEVES (F. X.), ALBUM LITTERARIO, id., id., id.

192. FARIA (Manuel Severim), DISCURSOS varios politicos. *Lisboa*, 1805. 1 vol. in-16, *relié*.

Pag. 167 et suiv. — *Vida de Luiz de Camões*.

193. FEIJÓ (Antonio). SACERDOS magnus. *Coimbra,* 1881. 1 vol. in-8 gr., *br.*

Poésie recitée au Théatre Académique de Coimbra, à l'occasion des fêtes de l'inauguration du monument a Camões.

194. FERGUSON (Donald). BUDDHIST LEGENDS. — From «Fragmentos de uma tentativa de estudo scoliastico da Epopeia portugueza» by G. de Vasconcellos Abreu. Translated with additional notes by... *Ceylon, s. d.* (1884). 1 vol. in-12, *br.*

Pas mis dans le commerce. — Rare.

195. FIGUEIREDO (A. C. Borges de), A GEOGRAPHIA dos Lusiadas de Luiz de Camões. *Lisboa,* 1883. 1 vol. in-8, *br. n. c.*

196. FIGUEIREDO (A. C. Borges de), A GEOGRAPHIA, id., id., id.

Exemplaire sur papier Whatman tiré à 20 exemplaires.

197. FIGUEIREDO (A. Cardoso), CARTA da geographia dos Lusiadas. *Lisboa,* 1883. 1 feuille gr. coloriée collée sur toile, vernie et rouleaux.

198. FIGUEIREDO (A. Cardoso), CARTA da geographia, id., id., id., une feuille gr.

199. FIGUEIREDO (Candido de), NICTAGINIAS. *Lisboa,* 1883. 1 vol. in-18, *br.*

Pag. 15: *Visão* (No Tricentenario de Camões).

200. FRIAS (D. C. Sanches de), HORAS PERDIDAS, poesias. *Lisboa,* 1883, 1 vol. in-8, *br.*

Pag. 170 et suiv. — *Centenario de Camões.* Avec envoi de l'auteur.

201. GARRETT (J. B. de Almeida), CAMOENS, poème traduit par Henri Faure. *Paris,* 1880. 1 vol. in-8, *br.*

Exemplaire n.° 305 sur papier d'Hollande de cette jolie édition avec portr. de l'auteur.

202. GOYRY (D. Nicolas de) ESTUDO critico-analitico sobre las versiones españolas de los *Lusiadas. Lisboa,* 1880. 1 vol. gr. in-8, *br.*

203. GRANDMAISON (Parseval), LES AMOURS épiques, poème en six chants. *Paris,* 1806. 1 vol. in-8 gr., *relié.*

Rare.—Le chant VI, pag. 172-202, et pag. 276-298 sont consacrées à Camões.

204. GUEVARA (Luiz Velez de), COMEDIA FAMOSA, Reynar despues de morir. S. a. n. d., in-4, de 28 pag., *br.*

Hablan en ella las personas siguientes:
El-Rey D. Alfonso de Portugal. El Principe D. Pedro. Dona Blanca, infanta de Navarra. Dona Ignez de Castro, Dama. Violante, creada. El Condestable de Portugal. Nuno de Almeida. Egas Coello. Alvar Gonzalez. Brito, gracioso. Alonso y Dionis, niños. Musicos y acompañimento.
Comédie en vers, rare. — Au titre suit immédiatement *Jornada Primera.* Bel exemplaire neuf.

205. HERIBERT RAN, GESCHICHTE DER ENTWICKELUNG DES MENSCHLICHEU GEISTES. *New Ausg. Neustadt,* 1881. 2 vol., *br.* en 1 seul, in-8, avec gr.

Pag. 379 et suiv. — *Camões.*

206. HOMENAGEM a Camões dos alumnos das aulas da Ordem terceira do Carmo. *Porto,* 1880. 1880. 1 vol. in-8, *br.*

207. HOMENAGEM do Mesquita a Camões. *Porto, Santos & Lemos,* 1881. 1 vol. in-8, *br.*

208. IGNEZ de Castro, episodio extrahido do canto terceiro do poema epico *Os Lusiadas,* de Luiz de Camões. Edição em 14 linguas. *Lisboa, Imprensa Nacional,* 1873. In-fol.

Avec. portr.

209. ILLUSTRIRTE DEUTSCHE MONATSHEFTE. Juin, 1869. *Braunschweig.* In-8, *br.*

Contient portr. de Camões et traduction de quelques strophes par Mr. Carriere.

210. INSTITUTO (O), N.os 11 e 12. Maio e Junho. *Coimbra,* 1880. 4, *br.*

Numero commmemoratif du tri-centenaire du Camoens.

211. IONES (G), POESEOS ASIATICAE, commentariorum libri sex. *Lipsiae,* 1777. 1 vol. in-8 gr., *br. n. r.*

Contient l'Éloge de Camões, et transcription d'une octave des *Lusiades.*

212. J. C. B. (Justo de Castro Barroso), DISCURSO pronunciado na Escola do Exercito... em homenagem a Luiz de Camões. *Lisboa,* 1880. 1 feuille de 4 pag.

Rare.

213. J. C. B. (Dito), DISCURSO, id., id.

214. JUSTO DE CASTRO BARROSO, DISCURSO dedicado ao immortal cantor dos *Lusiadas. Lisboa,* 1880. 1 feuille de 4 pag.

Rare.

215. LANJEAC, COLOMBE DANS LES FERS, à Ferdinand et Isabelle, epitre. *Londres,* 1782. 1 vol. in-8 gr., *relié, doré sur tranche.*

Pag. 140-141, note: biographie de Camoens. Bel exemplaire, avec fig. de Marilher. — Très rare.

216. LORMIAN (Baour), LA JERUSALEM DELIVRÉE, trad. *Paris,* 1819. 3 vol. in-8 gr., *relié.*

Rare et bel exemplaire. Dans les notes, longues et fréquentes références à Camões.

217. LAROUSSE (Pierre), biographie de Camoëns. *Paris,* 1867. In-8, *br.*

C'est un tirage à part de l'article bibliographique du Grand dictionaire universel du XIX siècle.

218. LEAL (Gomes), A FOME DE CAMÕES, poema. *Lisboa,* 1880. 1 vol. in-8, *br. n. c.*

219. LATINO COELHO, SESSÃO publica da Academia Real das Sciencias de Lisboa em 9 de junho de 1880. *Lisboa,* 1880. 1 vol. in-8, *br.*

Contient le discours de mr. Latino Coelho sur Camões.

220. LEONI (Francisco Evaristo), CAMÕES E OS LUSIADAS, ensaio-historico-critico-litterario. *Lisboa, A. M. Pereira,* 1872. 1 vol. in-8, *br.*

221. LEONI (Francisco Evaristo), CAMÕES E OS LUSIADAS, id., id., *relié.*

222. LUIS de Camões em Evora. Evora, 1882. 1 vol. in-12 gr., *br.*

223. MABLIN, LETTRE sur le texte des *Lusiades. Paris,* 1826. In-4 gr., *br.*

Cette petite brochure a rapport à la celèbre édition du Morgado Matheus.— Rare.

224. MACEDO (Dr. F. Ferraz de) DESABAFO patriotico e o tri-centenario de Camões no Rio de Janeiro. *Rio de Janeiro, Typ. Academica,* 1880. 1 vol. in-8, *br.*

225. MACEDO (J. Agostinho de), A ANALYSE ANALISADA, resposta a Couto. *Lisboa,* 1815. 1 vol. in-18, *br.*

Il s'occupe de la question des *Lusiadas.*

226. MACEDO (José Agostinho de), CENSURA dos *Lusiadas. Lisboa, Impressão Regia,* 1820. 2 vol. in-8.

Rare.

227. MACEDO (José Tavares de), RELATORIO feito em nome da commissão nomeada por portaria de 30 de dezembro de 1854 para buscar os ossos de Camões. *Lisboa,* 1880. 1 vol. in-8 gr., *br.*

228. MACHADO (Ariosto), BRADO D'ALMA. *Porto,* 1881. 1 vol. in-8 gr., *br.*

Contient: *Camoneana.*

229. MACHADO (Diogo Barbosa). BIBLIOTHECA LUSITANA, historica, critica e chronologica. *Lisboa,* 1741-1747-1752-1759. 4 vol. gr. in-fol., *relié veau.*

Bel exemplaire de cet ouvrage d'un grand valeur pour la Bibliographie portugaise, dont son utilité innégable pour tous ceux qui s'occupent de la librairie est assuré par le prix qu'obtiennent les exemplaires rares qui paraissent en vente.

Pag. 70 a 76 du troisième tome.— Article bibliographique: *Luiz de Camões.*

230. MACHADO (Dr. Brazilio), DISCURSO em S. Paulo. *S. Paulo,* 1880. 1 vol. in-8 gr., *br.*

Prononcé dans les fêtes commemoratives du centenaire de Camões à S. Paulo, Brazil.

231. MACHADO (Dr. Brazilio), DISCURSO, id., id.

232. MACKONETT (J. C.), BREVE RESUMO da vida de Luiz de Camões. *Lisboa,* 1867. 1 vol. in-8 gr., *br.*

Rare.

233. MAGNIN (Charles), CAUSERIES ET MÉDITATIONS. *Paris*, 1843. 2 vol. in-8, *br.*, *n. r.*

Le t. II de cet ouvrage, consacré presque intièrement à la tittérature portugaise, contient : la vie de *Camoens* (101 pag.), des études sur Vieira, sur le théâtre en Portugais, les prosateur de Portugal, la littérature brésilienne, la vie de l'infant Dom Henri, etc.

234. MAGNIN (Charles), CAUSERIES, id. id., *relié*.

Id., id., id.

235. MANIFESTO... em que se defende o insigne vate Luiz de Camões da mordacidade do discurso preliminar que precede o poema *Oriente*. *Lisboa, J. F. M. de Campos*, 1815. 1 vol. in-16, *br.*

L'auteur est Antonio Maria do Couto. — Rare.

236. MANIFESTO...— Id., id., id.

Id., id., id.

237. MELLO (Conselheiro J. C. Bandeira de), A CAMÕES, poesia. *Rio de Janeiro*, 1880. 1 vol. in-8 gr., *br.*

Rare.

238. MEMORIA dos festejos celebrados em Hong-kong. *Hong-kong*, 1880. 1 vol. in-8 gr., *br.*

239. MENNECHET (Ed.), MATINÉES LITTÉRAIRES. *Paris*, 1867. 6 vol. in-18, *relié*.

Pag. 434 a 449 du tome II, étude sur Camoens. Bel exemplaire.

240. MEYER'S, HAND-LEXIKON. 7 Lieferung. *Leipzig*, 1882. 1 vol. in-8, *br.*

Contient une biographie de Camões.

241. MEYER'S, KONVERSATION-LEXIKON. *Leipzig*, 1877. 1 vol. in-8 gr., *br.*

Contient une biographie de Camões.

242. MIEL, ESSAI sur les beaux-arts, et particulièrement sur le salon de 1817. *Paris*, 1818. 1 vol. in-8 gr., *br.*

Pag. 440-442 : Notice sur la célèbre edition du *Morgado Matheus*. — Rare.

243. MONIZ (Nuno Alvares Pereira Pato), EXAME analytico e parallelo do poema Oriente do reve-

rendo José Agostinho de Macedo com a Lusiada de Camões. *Lisboa, Typ. Lacerdina,* 1815. 1 vol. in-12.

Rare.

244. MONTEIRO (Alexandre), Obras poeticas e dramaticas. *Porto, Typ. da Revista,* 1848. 1 vol. in-8, *relié,* avec le — *O moribundo cisne do Vouga,* par Bingre.

Pag. 1 a 83 — *Camões* — drama — 85 a 93 *Dona Ignez de Castro.*

245. MONTEIRO (Alexandre), Obras poeticas e dramaticas. *Porto, Typ. da Revista,* 1848. 1 vol. in-8, *relié.*

Id:, id:, id:

246. MONTEIRO (José Gomes), Echos da lyra teutonica. *Porto S. J. Pereira,* 1848. 1 vol. in-8, *br. n. c.*

Pag. 113 a 130 — *Camões.*

247. MONTORO (Reinaldo Carlos), O centenario de Camões no Brazil. *Rio de Janeiro,* 1880. 1 vol. in-8 gr., *br.*

248. MUSEU Illustrado. Album illustrado. Sociedade athena. *Porto,* 1879-1880. 1 vol. gr. in-4, *br. non rogné.*

N° 1 a 11, avec gravures. — Références au Centénaire de Camoens.

249. NABUCO (Joaquim), Camões e os Lusiadas. *Rio de Janeiro, Imperial Instituto Artistico,* 1872. 1 vol. in-4, *br.*

250. NAVERY (Raoul de), Les voyages de Camoens. *Paris,* 1880. 2e édition, 1 vol. in-16, *br. non coupé.*

251. NORONHA (Tito de), A primeira edição dos Lusiadas. *Porto e Braga,* 1880. 1 vol. in-4, *br. n. c.*

Contient quatre phototypies.

252. NORONHA (Tito de), A primeira, id. id., *relié parchemin.*

Id., id., id.

253. NUOVA Antologia. Revista di scienze, lettere e arti. — Anno XV e XV. Volume XXIV e XXV. *Roma,* 1880. 4 fasc. gr. in-8, *br.*

Contient: Luigi di Camoens 300 anni dopo la sua morte, par L. Cardon.

254. ORTIGÃO (Ramalho), LOUIS DE CAMÕES — La renaissance et les Lusiades —, traduit par F. F. Steenackers. *Lisbonne,* 1880. 1 vol. in-16, *br.*

255. PAIVA (Xavier de), CAMÕES EM AFRICA, scena dramatica em verso. *Lisboa,* 1880. 1 vol. in-8, *br.*

256. PARODIA ao primeiro Canto dos *Lusiadas* de Camões por quatro estudantes de Evora em 1589. *Lisboa,* 1880. 1 vol. in-18, *br., n. c.*

257. PERES (Matheus), OS CENTENARIOS, versos. *Porto,* 1882. 1 vol. in-32, *br.*

Exemplaire sur papier du Japon tiré à 12 exemplaires.

258. PERNAMBUCO a Camões. *Recife,* 1880. fol., *br.*

259. PEROLA do Centenario (A), A FABULA de Narciso por Luiz de Camões. *Porto,* 1880. 1 vol. in-16, *br.*

Exemplaire n.° 73 de l'*Edição especial* avec envoi de l'éditeur.

260. PERROT (M. Victor) et A. Dumesnil, CAMOENS, drame en 5 actes. *Paris,* s. d. In-8 gr., *br.*

Très rare.

261. PIMENTEL (Alberto), A VARANDA de Nathercia, original. 1880. 1 vol. in-8, *br., non coupé,* s. l. (*Lisboa*) n. d. (1880).

262. PINHEIRO (A. Xavier), AS BELLAS-ARTES no Centenario de Camões. *Porto,* 1882. 1 vol. in-4, *br.*

Exemplaire n.° 45 sur papier blanc de cette edition tirée à 136 exemplaires.

263. PINHEIRO (A. Xavier), id., id., id.

Exemplaire n.° 77 sur papier bleu.

264. PINHEIRO (A. Xavier), Id., id., id.

Exemplaire n.° 107 sur papier de Ruães.

265. PIRES (Ernesto), SCINTILLAÇÕES E SOMBRAS, I Velhas crenças, II Camoneana. *Porto*, 1883. 1 vol. in-16, *br*.

266. PIRES (Ernesto), id., id., id.

267. PIRES (Ernesto), A VOZ DA CONSCIENCIA. *Porto*, 1881. 1 vol. in-8 gr., *br*.

Poemete camoniano.

268. PROGRAMMA dos festejos academicos para a inauguração do monumento a Luiz de Camões. *Coimbra*, 1881. In-8, *br*.

— Idem, da celebração em Lisboa do 3.º centenario de Luiz de Camões. *Lisboa*, 1880. F.º

— Idem, do sarau na *Sociedade Amisade Recreio e Instrucção*. 1 feuille.

269. PRESTES (Antonio), AUTOS, 2.ª edição revista por Tito de Noronha. *Porto*, 1871. 1 vol. in-8, *br.*, *non coupé*.

References aux Autos de Camões.

270. QUENTAL (Anthero do), CONSIDERAÇÕES sobre a philosophia da historia litteraria portugueza (a proposito d'alguns livros recentes). *Porto e Braga, Ernesto Chardron*, s. d. 1 vol. in-8, *br*.

Analyse l'ouvrage de Mr. Oliveira Martins — *Os Lusiadas* — Porto, 1872.

271. RAMOS (Dr. Luiz Maria da Silva), LUIZ DE CAMÕES, elogio academico, lido na sala dos Actos Grandes da Universidade de Coimbra no dia 10 de Junho de 1880. *Porto. Typ. Occidental*, 1881. 1 vol. in-4 gr., *br*.

272. RAUMER (Friedrich von), HEISTORISCHES Taschenbuch. Folge III, Jahrg II. *Leipzig*, 1850. 1 vol. in-8, *br.*, *n. c.*

Pag. 11 et suiv. — Strophes de Camões et histoire critique de l'épisode de Ines de Castro.

273. RAVARA (A. Galleano), ALBUM italo-portuguez. *Lisboa*, 1853. 1 vol. in-8, *relié*.

Rare. Contient: *Episode d'Ignez de Castro*, traduction en italien.

274. RAYNOUARD, A ESTANTE DO CORO, poema heroi-comico de Boileau, trad. por A. J. de Lima Leitão, seguido da *Ode a Camões* de... *Lisboa*, 1834. 1 vol. in-12 gr., *br.*

Rare.

275. REINHARDSTOETTNER (Dr. Carl von), BEITRAEGE ZUR TEXTKRITIK DER LUSIADAS DES CAMÕES. *Munchen*, 1872. 1 vol. in-8, *br.*

276. REINHARDSTOETTNER (Dr. Carl von), LUIS DE CAMOENS DER SANGER DER LUSIADEN, biographische. *Leipzig, Verlag des Hausfreundes*, 1879. *Br.*

277. RELATORIO do Gabinete Portuguez de leitura do Rio de Janeiro em 1880. *Rio de Janeiro*, 1881. 1 vol. gr. in-8, *br.*

References au tricentenaire de Camões.

278. REVISTA BRAZILEIRA. HOMENAGEM A LUIZ DE CAMÕES. *Rio de Janeiro*, 1880. 1 vol. in-4, *br.*

279. REVUE *espagnole, portugaise, brésilienne et hispano-americaine.* Religion, histoire, littérature, sciences, arts, industrie, finances, commerce. — 1ère anné. Tome I, II, III, IV et V. *Paris, à l'Administration de la Revue* — 20, Rue Saint-Anne, au Premier, et chez les principaux libraires, 1857. 5 vol. gr. in-8, *br., non rognés.*

Le tome premier et deuxième portait seulement le titre de *Revue espagnole et portugaise.*
Tome premier pp. 283 à 291. — Poesie-Camoens, par M. Barillot.
Tome deuxième et suivants. — Commencement d'une traduction en vers des *Lusiadas*, fait exprès pour la *Revue*, par M. Barillot.
Version non citée pour les bibliographes de Camões.

280. RIBEIRO (J. Silvestre) ESTUDO moral e politico sobre os *Lusiadas. Lisboa*, 1853. 1 vol. in-8, *relie.*

281. RIBEIRO (José Silvestre) ESTUDO, id., id., id.

282. RIBEIRO (J. Silvestre), OS LUSIADAS E O COSMOS. *Lisboa*, 1858. 1 vol. in-12, *br. n. r.*

Rare.

283. RIBEIRO (Thomaz). FESTAS DO CENTENARIO. Discurso no sarau litterario do Porto. *Porto*, 1880. 1 vol. in-8 gr., *br.*

284. ROCHA (João Bernardo da) e Nuno Alvares Pato Moniz, EXAME CRITICO do novo poema epico intitulado *O Gama*, que ás cinzas e manes de Luiz de Camões... dedicam. *Lisboa*, 1812. 1 vol. in-12, *br*.

285. SANTA CLARA (F. de Paula). A ILHA DOS AMORES..., estancias do canto IX dos *Lusiadas*. *Evora*, 1882. 1 vol. in-8, gr., *br*.

286. SCARRON II (J. R. M.), LES LUSIADES travesties, parodie en vers burlesques, etc., etc. *Porto*, 1883. 1 vol. in-8, *br*.

Le fils pourra le lire en l'absence du père,
La fille en permettra la lecture à sa mère.

Exemplaire sur papier d'Hollande, tiré seulement á 12 exemplaires.

287. SEGUIER (Jayme). A CAMÕES. *Lisboa*, 1880. 1 vol. in-8 gr., *br*.

288. SEGUIER (Jayme). A CAMÕES.—Id., id., id.

289. SILVA (Augusto Luso da) LEITURA d'um trecho dos Lusiadas. *Porto*, 1880. 1 vol. in-8 gr., *br*.

290. SILVA (Innocencio Francisco da), DICCIONARIO BIBLIOGRAPHICO PORTUGUEZ, estudos applicaveis a Portugal e ao Brasil. *Lisboa*, 1860. Tomo V, 1 vol. in-8 gr., *br. n. r.*

Pag. 239 a 277. Important travail bibliographique sur Luiz de Camões.

291. SOCIEDADE Nova Euterpe. TRICENTENARIO de Luis de Camões. Discursos. *Porto*, 1880. 1 vol. in-8 gr., *br*.

292. STORCK (Wilhelm), LUIS DE CAMOENS Sammtliche Gedichte zum ersten Male deutsch. *Paderborn, Ferd. Schoningh*, 1880. 1 vol. in-8, *br. n. r.*

293. SUTTNER-ERENWIN (Dr. Hermann von), CAMÕES EIN PHILOSOPHISCHER DICHTER, dargestells nach seinem Lusiaden. *Wien*, 1883. 1 vol. in-16, *br*.

294. TERCEIRO Centenario de Camões. Commemoração brazileira. *Rio de Janeiro*, 1880. 1 vol. in-fol., *br*.

295. TERCEIRO Centenario de Camões. Premio Commercio do Porto. *Rio de Janeiro,* 1881. 1 vol. in-8 gr., *br.*

296. TIECK (Ludw.), NOVELLENKRANZ. Ein almanach auf das Jahr 1834. *Berlin.* 1 vol. in-16, *cart.*

Pag. 1 a 347 — *Camoens.*

297. TIECK'S (Ludwig), SCHRIFTEN, band XIX. *Berlin,* 1845. 1 vol. in-8, *br. non coupé.*

Contient une nouvelle — Tod des Dichters (Camões).

298. TISSOT (Amadeu), A AGONIA DE LUIZ DE CAMÕES, traducção por Alberto Pimentel. *Lisboa,* (s. d., 1880). 1 vol. in-16, *br., non coupé.*

Avec portr. de Camões.

299. UNIVERSIDADE de Coimbra. Estudo sociologico para a 7.ª cadeira da faculdade de Direito. *Coimbra,* 1880. 1 vol. in-4 gr., *br.*

Publication commemorative du Troisième Centénaire de Camões.

300. VASCONCELLOS (J. Leite de), A CONSCIENCIA DOS SECULOS, poema. *Porto,* 1880. 1 vol. in-8, *br.*

301. VASCONCELLOS (J. Leite de). A ESTATUA de Camões. *Porto,* 1881. 1 vol. in-8 gr., *br.*

302. VEGA (D. José L. de la). ENCOMIO a Camões, n'uma poesia hespanhola. *Braga,* 1881. 1 vol. in-4, *br.*

Petit tirage.

303. VIALE (Antonio José), SELECTA CAMONEANA, ou excerptos dos Lusiadas. *Lisboa, V. Bertrand & Filhos,* 1863. 1 vol. in-8, *br.*

304. VIALE (Antonio José). SELECTA Camoneana. — Id., id., id.

305. VICTOR HUGO raconté par un témoin de sa vie, avec œuvres inédites, entre autres le drame en trois actes *Ignez de Castro. Bruxelles,* 1863. 2 vol. in-8, *rel.*

Bon état.

306. VICTOR HUGO descripto por uma testemunha da sua vida, traducção de F. F. da Silva Vieira. Segunda edição. *Lisboa*, 1881. 2 vol. in-8 *br. n. rogné.*

C'est la traduction portugaise du numéro précédent y compris le drame *D. Ignez de Castro.*

307. VICTOR (D. Margarida), CAMÕES E AS MULHERES PORTUGUEZAS. *Lisboa*, 1880. 1 vol. in-8, *br.*

308. VIDA de Luis de Camões e seu retrato. *Coimbra*, 1881. 1 vol. in-8 gr. *br.*

309. VIEIRA (Carlos Cyrillo da Silva), CATALOGO do repositorio camoneano. *Lisboa*, 1882. 1 vol. in-8 gr., *br.*

Avec envoi de l'auteur.

310. WEISSER (Prof. L.), BILDER-ATLAS zur Welt-Geschichte Sechste lieferung. *Stuttgart.* 1 vol. in-fol., *br.*

Contient: portrait de Camões, Vasco da Gama, Affonso de Albuquerque, etc.

311. ZANELLA (Giacomo), PARALLELI LITTERARI, studi. *Verona*, 1885. 1 vol. in-16, *br. n. c.*

Pag. 27 et suiv. — *I Lusiadi.*

Compositions artistiques

312. LE CAMOENS, gravure à grands marges signé *F. Gérard*, 1826.

Bel exemplaire. Rare.

313. CAMOENS. Gravure publiée par Furne. — *Audibran*, sc.

314. CUVETTE avec le portrait de Camoens entouré de la légende: *Os patriotas de 1880.*

315. DOUZE Cuvettes en faience avec la reproduction des 12 gravures de l'édition du Morgado de Matheus. (*Lisboa*, 1885.) *Photo-Ceramica*, Rua de S. Thiago, 9.

316. ÉPINGLETE pour cravate en ivoire avec la légende: *Luiz de Camões*, 10-6-80.

Caractères manuscripts.

317. ÉPINGLETE.—Id., id., id.

Caráctères gothiques.

318. ÉPINGLETE.—Id., id., id. 10-6-81.

Caractères manuscripts.

319. LUIS de Camões perante o seculo XVI e o seculo XIX.

Composition lythographique d'un mérite trop bas.

320. LUIZ de Camões. Oleographie sur toile d'après la gravure publiée par Severim de Faria en 1624. *Paris*, 1880.

Le portrait mesure 0,46 × 0,55. Encadré.

321. LUIZ de Camões. Oleographie sur papier. Reduction de la précédente. *Paris*, 1880.

322. LUIZ DE CAMÕES, Premio da Sociedade Promotora das Bellas-Artes em Portugal. *Simões de Almeida* esculp. *A. J. Nunes Junior* grav.

Splendide gravure sur papier de Chine à grandes marges.

323. MEDAILLE en argent. Buste de Camões. Grav. Caqué, 1821.

Très rare.

324. MÉDAILLE en bronze. Buste de Camões. Grav. Caqué, 1821.

Rare.

325. MEDAILLE EN BRONZE, Buste de Camões. *Au revers:* 10 de junho de 1880, s. n. du grav.

326. MÉDAILLE en bronze. Buste de Camões. Grav. *Molarinho*, 1880.

Dans un étui.

327. PHOTOGRAPHIE du tableau de A. Duffenbach.

Allegorie allemande où figure la statue du Camões au bras de la mort.

328. PHOTOGRAPHIE, id., id., id.

329. PHOTOGRAPHIE du tableau de Slingeneyer. Naufrage de Camoens. *Munich*, 1880.

Jornaux commémoratifs du tri-centenaire

De Lisbonne

O Atlantico, 10 de junho de 1880. — **Camões,** 10 de junho de 1880. — **Commercio de Portugal,** 10 de junho de 1880. — **Commercio de Lisboa,** 10 de junho de 1880. — **O Contemporaneo,** n.º 88. — **Correio da Europa,** 9 de junho de 1880. — **Correspondencia de Portugal,** 13 de junho de 1880. — **Diario Illustrado,** 8 de junho de 1880. — Idem, 10 de junho de 1880. — Idem, supplemento. — **Diario de Portugal,** 10 de junho de 1880. — **Diario Popular,** 10 de junho de 1880. — **Diario da Manhã,** 10 de junho de 1880. — **Diario Civilisador,** 10 de junho de 1880. — Idem, 12 de junho de 1880. — **Diario de Noticias,** 10 de junho de 1880. — **Diario do Commercio,** 10 de junho de 1880. — **Democracia,** 10 de junho de 1880. — **Jornal da Noite,** 10 de junho de 1880. — Idem, 11 e 12 de junho de 1880. — **Jornal das Colonias,** 10 de junho de 1880. — **Jornal do Commercio,** 10 de junho de 1880. — **A Nação,** 10 de junho de 1880. — **O Protesto,** 6 de junho de 1880. — **O Partido do Povo,** 10 de junho de 1880. — **O Progresso,** 10 de junho de 1880. — **A Revolução,** 10 de junho de 1880. — **A Revolução de Setembro,** 10 de junho de 1880. — **O Trinta,** 10 de junho de 1880. — **A Voz do Operario,** 12 de junho de 1880. — **A Vanguarda,** 6 de junho de 1880. — Idem, 13 de junho de 1880. — **Annaes do Club Militar Naval,** n.º 9, de 1880. — **O Antonio Maria,** 17 de junho de 1880. — **O Medico Illustrado,** maio de 1880. — **O Pennacho,** 9 de junho de 1880. — **O Pimpão,** 13 de junho de 1880. — **A Rebeca do Diabo Junior,** 10 de junho de 1880. — Idem, 13 de junho de 1880. — **Revista Camões,** 13 de junho de 1880. — **Republica,** 13 de junho de 1880. — **Universo Illustrado,** abril de 1880. — **O Vulcão,** 6 de junho de 1880. — **Typographos a Camões.** — **Perolas de Camões.** — **La Grande Soirée,** n.ºs 137 e 138. — **Nova serie da gravura de madeira em Portugal,** n.º 29. — **Album das Glorias,** n.º 7. — **Corona poética y literaria,** 1880. — **Retrato e biographia de Camões,** distribuido pela casa Minerva, 1880.

De Porto

A Actualidade, 10 de junho de 1880. — **Commercio Portuguez,** 10 de junho de 1880. — **Commercio do Porto,** 10 de junho de 1880. — Idem, 12 de junho de 1880. — **O Dez de Março,** 10 de junho de 1880. — Idem, 12 de junho de 1880. — **Gazeta Militar,** 10 de junho de 1882. — **Gazeta dos Telegraphos,** 20 de junho de 1880. — **Jornal do Porto,** 10 de junho de 1880. — **Jornal da Manhã,** 10 de junho de 1880. — **A Lucta,** 10 de junho de 1880. — **As Novidades,** 10 de junho de 1880. — **A Palavra,** 10 de junho de 1880. — **O Primeiro de Janeiro,** 10 de junho de 1880. — **A Voz do Povo,** 11 de junho de 1880. — **Boletim do Centenario,** n.ºs 1 e 2. — **O Camões,**

10 de junho de 1880. — **Jornal de Viagens,** 13 de junho de 1880. — **O Sorvete,** 10 de junho de 1880. — Idem, 15 de maio de 1881. — **O Bombeiro Portuguez,** 10 de junho de 1880. — **A Mocidade à Camões,** 10 de junho de 1880. — **Camões,** Bibl. Progressista, 10 de junho de 1880. — **Portugal a Camões.**

De Coimbre

Correspondencia de Coimbra, 10 de junho de 1880. — Idem, 11 de maio de 1881. — Idem, supplemento ao n.º 35, 8 de maio de 1881. — **O Progressista,** 10 de junho de 1880. — Idem, 8 de maio de 1881. — Idem, 12 de maio de 1881. — Idem, 26 de maio de 1881. — **O Conimbricense,** 12 de junho de 1880. — Idem, 10 de maio de 1881. — **Tribuno Popular,** 9 de junho de 1880. — Idem, 12 de junho de 1880. — Idem, 11 de maio de 1881. — Idem, 14 de maio de 1881. — **A Ordem,** 12 de junho de 1880. — Idem, 11 de maio de 1881. — Idem, 14 de maio de 1881. — **Correio das Provincias,** 16 de maio de 1881.

Divers

Correspondencia da Figueira, Figueira, 9 de junho de 1880. — **Commercio da Figueira,** Figueira, 10 de junho de 1880. — **Campeão das Provincias,** Aveiro, 10 de junho de 1880. — **Districto de Aveiro,** Aveiro, 10 de junho de 1880. — **Soberania do Povo,** Agueda, 10 de junho de 1880. — **Aurora do Cavado,** Barcellos, 10 de junho de 1880. — **Folha da Manhã,** Barcellos, 10 de junho de 1880. — **O Bejense,** Beja, 10 de junho de 1880. — **O Elvense,** Elvas, 10 de junho de 1880. — **Monitor Transtagano,** Evora, 13 de junho de 1880. — **O Districto de Faro,** Faro, 10 de junho de 1880. — **Imparcial,** Guimarães, 10 de junho de 1885. — **Religião e Patria,** Guimarães, 10 de junho de 1880. — **O Formigueiro,** Guimarães, homenagem a Camões. — **Districto da Guarda,** Guarda, 10 de junho de 1880. — **Beira e Douro,** Lamego, 10 de junho de 1880. — **Jornal de Lamego,** Lamego, 10 de junho de 1880. — **O Monsanense,** Monsão, 10 de junho de 1880. — **O Commercio de Lima,** Ponte de Lima, 10 de junho de 1880. — **O Echo de Lima,** Ponte de Lima, 10 de junho de 1880. — **O Penafidelense,** Penafiel, 8 de junho de 1880. — **O Commercio de Penafiel,** Penafiel, 10 de junho de 1880. — **O Progresso Pombalense,** Pombal, 10 de junho de 1880. — **Commercio da Povoa,** supplemento, Povoa de Varzim, 10 de junho de 1880. — **Districto de Santarem,** Santarem, 10 de junho de 1880. — **O Correio do Sado,** Setubal, 17 de junho de 1880. — **Gazeta Setubalense,** Setubal, 10 de junho de 1880. — **A Emancipação,** Thomar, 10 de junho de 1880. — **A Verdade,** Thomar, 13 de junho de 1880. — **A Aurora do Lima,** Vianna do Castello, 10 de junho de 1880. — **Correio do Ave,** Villa do Conde, 10 de junho de 1880. — **O Transmontano,** Villa Real, 10 de junho de 1880. — **Commercio de Villa Real,** Villa Real, 10 de junho de 1880. — **O Noticioso,** Valença, 10 de junho de 1880. — **O Valenciano,** Valença, 10 de junho de 1880. — **Districto de Vizeu,** Vizeu, 10 de junho de 1880. — **Jornal de Vi-**

zeu, Vizeu, 9 de junho de 1880. — **A Liberdade**, Vizeu, 10 de junho de 1880. — **O Veriato**, Vizeu, 10 de junho de 1880. — **Districto de Faro**, supplemento ao n.º 222, 10 de junho de 1880. — **Á memoria de Camões**, o povo de Braga, 10 de junho de 1880. — **O Amigo do Povo** (A Camões), Braga, 10 de junho de 1880. — **A Sentinella** (Á memória de Camões), 10 de junho de 1880. — **Commercio do Minho** (brinde aos assignantes), 10 de junho de 1880. — **Vianna á Camões**, Vianna do Castello. — **Camões** (lithographado), Vizéu, 1880.

Colonies portugaises

Diario dos Açores, numero especial, 10 de junho de 1880. — **Diario dos Açores**, S. Miguel, 10 de junho de 1880. — Idem, S. Miguel, 17 de junho de 1880. — **Echo do Cabo Verde**, supplemento, 10 de junho de 1880. — **Echo Michaelense**, S. Miguel, 10 de junho de 1880. — **Os Açores**, Angra do Heroismo, 10 de junho de 1880. — **O Atlantico**, Horta, 10 de junho de 1880. — **O Açoriano Oriental**, S. Miguel, 10 de junho de 1880. — **O Velense**, S. Jorge, 10 de junho de 1880. — **A Civilisação**, S. Miguel, 10 de junho de 1880. — **A Liberdade**, Villa Franca do Campo, 10 do junho de 1880. — **A Terceira**, Angra, 10 de junho de 1880. — **A Regeneração**, Horta, 20 de junho de 1880. — **O Athleta**, Angra, 10 de junho de 1880. — **Gazeta Judicial**, Fayal, 10 de junho de 1880. — **Gremio Litterario**, Fayal, 15 de junho de 1880. — **Correio Michaelense**, S. Miguel, 10 de junho de 1880. — Idem, S. Miguel, 18 de junho de 1880. — **O Angrense**, Angra, 10 de junho de 1880. — **A Persuação**, S. Miguel, 9 de junho de 1880. — **Luiz de Camões**, Funchal, 10 de junho de 1880. — **Jornal de Loanda**, Loanda, 11 de junho de 1880. — **Camões**, homenagem da Sociedade Amisade, Recreio e Instrucção. — **Homenagem a Camões**, Centro Republicano Federal.

Étranger

Diario das Campinas, Campinas, 10 de junho de 1880. — Idem, 12 de junho de 1883. — **Die Gartenlaube**, n.º 23, 1880. — **Gazeta de Campinas**, Campinas, 10 de junho de 1883. — Idem, 12 de junho de 1883. — **Diario do Maranhão**, Maranhão, 10 de junho de 1883. — Idem, 12 de junho de 1883. — **Diario do Grão Pará**, Belem, 10 de junho de 1880. — **Diario de Belem**, Belem, 10 de junho de 1883. — **Gazeta de Noticias**, Rio-de-Janeiro, homenagem. — Idem, numero ordinario, 10 de junho de 1880. — Idem, 15 de junho de 1880. — **O Cruzeiro**, Rio-de-Janeiro, 10 de junho de 1880. — **Jornal do Commercio**, Rio-de-Janeiro, 10 de junho de 1880. — Idem, edição especial, 10 de junho de 1880 — **Jornal de Noticias**, Ericeira, 12 de fevereiro de 1881. — **L'Illustration Nationale**, Bruxellas, 17 de fevereiro de 1880. — **El Mundo Ilustrado**, Barcelona, n.º 49, 1880.

Ces journaux seront vendus séparément selon demande reçue jusqu'au dernier jour avant la vente.

Achevé d'imprimer le sept mars mille huit cents quatre-vingt six

La vente aura lieu le lundi 3 Mai 1886, et jours suivants, à 7 heures du soir à Lisbonne

---

Exposition le dimanche 2 Mai 1886

Quelques jours avant on fera savoir par les journaux où sera faite l'exposition et vente des ouvrages.

CONDITIONS DE LA VENTE

La vente se fait au comptant.

Les acquéreurs payeront 5 p. 100 en sus des enchères, applicables aux frais.

Les livres devront être collationnés sur place dans les vingt-quatre heures de l'adjudication.

Passé ce délai ou une fois sortis de la salle de vente, ils ne seront repris pour aucune cause.

M. *A. Ferin* remplira les commissions des personnes qui ne pourraient assister à la vente.

LISBOA — TYP. ELZEVIRIANA, Praça dos Restauradores, 50 a 56

www.ingramcontent.com/pod-product-compliance
Ingram Content Group UK Ltd.
Pitfield, Milton Keynes, MK11 3LW, UK
UKHW012110240726
13965UKWH00004B/1670